500 Words To Know

In

French

By

Bradley C. Geiger

Bradley C. Geiger

Printed in the United States of America

FIRST EDITION

ISBN-13: 978-0-615-61019-1

ISBN-10: 0-615-61019-6

Library of Congress Control Number: 2012905073

1 3 5 7 9 10 8 6 4 2

Argive Publishing

2725 Manzanita Lane

Reno, NV 89509

www.argivepublishing.com

www.bradleycgeiger.com

500 Words To Know In French

Bradley C. Geiger

Table Of Contents

Bradley C. Geiger

Basics	**Fondamentales**
How do you say...?	Comment dites-vous?
Ideally	Idéalement
Basically. Fundamentally.	Fondamentalement.
Simply	Simplement
Supplemental	Supplémentaire
That would be advantageous.	Cela serait avantageux.
There is more to it / these.	Il ya plus à lui / eux.
That's not all of it.	Ce n'est pas tout.
In this manner	De cette façon
I'm him.	Je suis lui.
These have that.	Celles-ci ont cela.

She is her.	Elle est elle.
Like this.	Comme ça.
With me	Avec moi
Easily	Facilement
Surely	Sûrement
Most definitely	Assurément
Very certainly	Très certainement
That's a fact.	C'est un fait.
She is right.	Elle a raison.
He is wrong.	Il a tort.
We are they.	Nous sont-ils.
This does that.	Cela fait que.

The (bad) smell.	L' (mal) odeur.
The taste.	Le goût.
You look nice.	Vous avez l'air gentil.
He is very charming.	Il est très charmant.
She is very beautiful.	Elle est très belle.
I am lucky to have...	Je suis chanceux d'avoir...
It starts at...	Il commence à...
It is 6 o'clock.	Il est 06 heures.
I have more.	Je n'ai plus.
You don't have enough.	Vous n'avez pas assez.
We need a count of the...	Nous avons besoin d'un comptage du...
Children	Enfants

Cars	Voiture
Horses	Chevaux
Thank you.	Merci.
Thank you very much.	Merci beaucoup.
You're welcome.	Vous êtes bienvenus.
Please.	S'il vous plaît.
Yes.	Oui.
No.	Non.
Excuse me.	Excusez-moi.
Pardon me.	Pardonnez-moi.
I'm sorry.	Je suis désolé.
I don't understand.	Je ne comprends pas.

I understand.	Je comprends.
I don't speak this language very well.	Je ne parle pas cette langue très bien.
Do you speak English?	Parlez-vous anglais?
Speak slowly, please.	Parlez lentement, s'il vous plaît.
Please repeat.	S'il vous plaît répéter.
What's your name?	Quel est votre nom?
How are you?	Comment êtes-vous?
Is there a public phone here?	Y at-il un téléphone public ici?
Can I get on the internet?	Puis-je aller sur Internet?
Do you know a good...?	Connaissez-vous un bon... ?

Pre-paid wireless provider?	Fournisseur sans fil pre-paid?
Place to have a drink?	Placez pour boire un verre?
Place to go dancing?	Placez pour aller danser?
Place to take a date?	Placez de prendre une date?
Romantic setting nearby?	Locale romantique à proximité?
Can you help me?	Pouvez-vous m'aider?
Where is the bathroom?	Où est la salle de bain?
Will you...?	Voulez-vous...?
I need...	J'ai besoin de...
A book	Un livre

Dining	**Prêt à Manger**
We have a reservation.	Nous avons une réservation.
The name is...	Le nom est...
I would like to have...	Je voudrais avoir...
We would like to have...	Nous aimerions avoir...
Do you have any vegetarian items?	Avez-vous des plats végétariens?
For appetizers...	Pour apéritifs...
For a main course...	Pour un plat principal...
May I please have some more...?	Puis-je s'il vous plaît avoir un peu plus...
May we please have some more...?	Puissions-nous s'il vous plaît avoir un peu plus...
Of these wonderful...	Parmi ces merveilleux...

The beer	La bière
The wine	Le vin
The pasta	Les pâtes
The steak	Le steak
The pork	Le porc
The veal	Le veau
The soup	La soupe
The snails	Les escargots
The crab	Le crabe
The sauce	La sauce
The glasses	Les lunettes
The bread	Le pain

The lobster	Le homard
A table for two, please.	Une table pour deux, s'il vous plaît.
The menu, please.	Le menu, s'il vous plaît.
The wine list, please.	La carte des vins, s'il vous plaît.
The dessert	Le dessert
May I have something to drink?	Puis-je avoir quelque chose à boire?
A glass of water, please.	Un verre d'eau, s'il vous plaît.
A cup of tea, please.	Une tasse de thé, s'il vous plaît.
A coffee...	Un café...
With milk	Avec le lait

With sugar	Avec du sucre
And	Et
That's all.	Voilà tout.
The check, please.	Le chèque, s'il vous plaît.
Is the tip included?	Est-ce la pointe inclus?
The breakfast	Le petit déjeuner
The lunch	Le déjeuner
The dinner	Le dîner
Enjoy the meal!	Bon appétit!
Cheers!	Santé!
It's delicious!	C'est délicieux!
The plate	La plaque

The fork	La fourchette
The knife	Le couteau
The spoon	La cuillère
The napkin	La serviette
The cup	La coupe
The glass	Le verre
A bottle of wine	Une bouteille de vin
The cocktail	Le cocktail
The ice cubes	Les cubes de glace
The salt	Le sel
The pepper	Le poivre
The salad	La salade

The butter	Le beurre
The noodles	Les nouilles
The rice	Le riz
The cheese	Le fromage
The vegetables	Les légumes
The hamburger	Le hamburger
The chicken	Le poulet
The pork	La viande de porc
The beef	Le bœuf
I like my steak well done.	J'aime mon steak bien fait.
I would like a steak, cooked medium.	Je voudrais un steak, moyen cuit.

I like my steak rare.	J'aime mon steak saignant.
The juice	Le jus
One of the pies	L'une des tartes
One of the cakes	L'un des gâteaux
The ice cream	La crème glacée
Another, please.	Un autre, s'il vous plaît.
More please.	Plus s'il vous plaît.
Please pass the…	S'il vous plaît passer le…
Please pass a little of the bread.	S'il vous plaît transmettre un peu de pain.
Please pass some bread.	S'il vous plaît passer du pain.
Spicy	Épicé

Sweet	Doux
Savory	Sarriette
Sour	Aigre
Gratuity	Pourboire

Numbers   Nombres

0	Nul
1	Un
2	Deux
3	Trois
4	Quatre
5	Cinq
6	Six
7	Sept
8	Huit
9	Neuf

10	Dix
11	Onze
12	Douze
13	Treize
14	Quatorze
15	Quinze
16	Seize
17	Dix-sept
18	Dix-huit
19	Dix-neuf
20	Vingt
30	Trente

40	Quarante
50	Cinquante
60	Soixante
70	Soixante-dix
80	Quatre-vingts
90	Quatre-vingts
100	Cent
101	Cent et un
102	Cent et deux
103	Cent et trois
104	Cent et quatre
105	Cent et cinq

106	Cent et six
107	Cent et sept
108	Cent et huit
109	Cent et neuf
110	Cent et dix
111	Cent et onze
112	Cent et douze
113	Cent et treize
114	Cent et quatorze
115	Cent et quinze
116	Cent et seize
117	Cent et dix-sept

118	Cent et dix-huit
119	Cent et dix-neuf
120	Cent et vingt
121	Cent vingt et un
122	Cent vingt et deux
123	Cent vingt et trois
124	Cent vingt et quatre
125	Cent vint et cinq
200	Deux cent
300	Trois cent
400	Quatre cent
500	Cinq cent

600	Six cent
700	Sept cent
800	Huit cent
900	Neuf cent
1000	Mille
10000	Dix mille
100000	Cent mille
1000000	Un million

Shopping

Achetant

How many would you like?

Combien vous en voulez?

Could you tell me the price, please?

Pourriez-vous me dire le prix, s'il vous plaît?

Do you have a smaller size?

Avez-vous une taille plus petite?

My husband needs a bigger size.

Mon mari a besoin d'une plus grande taille.

Does it come in any other colors?

Cela vient-il dans toutes les autres couleurs?

How many come together?

Combien de personnes viennent ensemble?

Can you help me find...?

Pouvez-vous m'aider à trouver...

My girlfriend will like this.

Ma copine aimera ceci.

My boyfriend wants me to find...	Mon copain veut que je à trouve...
A hat	Un chapeau
A coat	Un manteau
The gloves	Les Gants
The pants	Les pantalons
The jeans	Les jeans
The shoes	Le chaussures
The socks	La chaussettes
Underwear	Sous-vêtements
A bra	Une brassière
Are there any more like this?	Y at-il plus comme ça?

How much does that cost?	Combien ça coûte?
At what time does the store open?	A quelle heure ouvert le magasin?
At what time does the store close?	À quelle heure est la clôture de le magasin?
What would you like?	Que voulez-vous?
Can I help you?	Puis-je vous aider?
I would like this.	Je voudrais que ce.
Here it is.	Ici, il est.
Is that all?	Est-ce tout?
I'd like to pay in cash.	Je voudrais payer en espèces.
I will pay with a credit card.	Je vais payer avec une carte de crédit.

Can I order these online?	Puis-je commander en ligne?
Women's clothes	Vêtements de la femme
Men's clothes	Vêtements pour homme
The blouse, the skirt, the dress	La blouse, la jupe, la robe
The pants, the shirt, the ties	Les pantalons, la chemise, les cravates
The shoes and the socks	Les chaussures et les chaussettes
The electronics	L'électronique
The bookstore	La bibliothèque
The bakery	La boulangerie
The market	Le marché
The supermarket	Le supermarché

The toothbrush	La brosse à dents
The toothpaste	Le dentifrice
The feminine products	Les produits féminins
The deodorant	Le déodorant
The mouthwash	Le rince-bouche
The dental floss	Le fil dentaire
The ointment	La pommade
The sunscreen	La crème solaire
The catalogue	Le catalogue
Membership card	Carte de membre

Greetings	**Salutations**
Hello	Bonjour
Good morning	Bonjour
Good day	Bonne journée
Good evening	Bonsoir
How are you?	Comment êtes-vous?
Fine.	Bien.
Very well.	Très bien.
So-so.	Comme ci comme ça.
What's your name?	Quel est votre nom?
I am Mr. Geiger.	Je suis Monsieur Geiger.
I am Miss Geiger.	Je suis Mademoiselle Geiger.

I am Mrs. Geiger.	Je suis Madame Geiger.
It's nice to meet you.	Enchanté.
Goodbye.	Au revoir.
See you soon.	A bientôt
Goodnight.	Bonne nuit.
Where do you live?	Où habitez-vous?
I live in Washington.	J'habite à Washington.
This is my friend.	Ceci est mon ami.
This is my boyfriend.	C'est mon copain.
This is my girlfriend.	C'est ma petite amie.
This is my husband.	C'est mon mari.
This is my wife.	C'est ma mariée.

Please visit me.

S'il vous plaît me rendre visite.

I had a wonderful time at your party.

J'ai eu un moment merveilleux à votre partie.

How do you do?

Comment faites-vous?

Welcome to my home.

Bienvenue à ma chez.

Travel & Directions	Voyager & Indications
Could you tell me where...?	Pourriez-vous me dire où...?
A camera store is?	Un magasin de la caméra est?
The museum is?	Le musée est?
A good place to eat is?	Un bon endroit pour manger est?
The river is?	La rivière est
The lake is?	Le lac est?
The ski-lift is?	Le ski-lift est?
This direction?	Cette orientation.
Around the corner.	Autour du coin.
Over here.	Au cours ici.

That is where? Where is that?	C'est où? Où est-ce?
They are inside.	Ils sont à l'intérieur.
Those are outside.	Ce sont en dehors.
It is that way.	Il est de cette façon.
Please take me to...	S'il vous plaît, me conduire à...
I am coming from...	Je viens de...
We are staying at...	Nous restons à...
I arrive at...	J'arrive à...
The address is...	L'adresse est...
We should meet at...	Nous devrions répondre à...
Where?	Où?

Excuse me, where is...?	Excusez-moi, où est...?
Where are the taxis?	Où sont les taxis?
Where is the bus?	Où est le bus?
Where is the subway?	Où est le métro?
Where is the train station?	Où est la gare?
Where is the exit?	Où est la sortie?
Is it nearby?	Est-il à proximité?
Is it far?	Est-ce loin?
Go straight ahead.	Allez tout droit.
Go that way.	Aller de cette façon.
Go back.	Retour.
Turn right.	Tournez à droite.

Turn left.	Tournez à gauche.
Take me to this address, please.	Emmenez-moi à cette adresse, s'il vous plaît.
What is the fare?	Quel est le tarif?
Stop here, please.	Arrêtez ici, s'il vous plaît.
Does this bus go to Grosvenor Square?	Est-ce que le bus aller à Grosvenor Square?
I need a flight to Brittany.	J'ai besoin d'un vol à destination de la Bretagne.
I need a ticket to Moscow.	J'ai besoin d'un billet pour Moscou.
I need a map of the city, please.	J'ai besoin d'une carte de la ville, s'il vous plaît.
I need a subway map, please.	J'ai besoin d'un plan de métro, s'il vous plaît.

Police Station	Poste de police
Please call the police.	S'il vous plaît appeler la police.
There has been an accident.	Il y a eu un accident.
My son is missing.	Mon fils a disparu.
His name is Paul.	Son nom est Paul.
Please ask the police to help find him.	S'il vous plaît demander à la police pour l'aider à trouver.
Insurance	Assurance

Business	**Entreprise**
What can I do for you?	Que puis-je faire pour vous?
What would you like?	Que voulez-vous?
The basic questions	Les questions de base
My telephone number is...	Mon numéro de téléphone est ...
What is your number?	Quel est votre numéro?
The office	Le bureau
The parking garage	Le garage de stationnement
The administration	L'administration
The administrative assistant	L'adjointe administrative
The memorandum	Le mémorandum

The notice	L'avis
The application	L'application (de)
The form	La forme
The work	Le travail
The project	Le projet
The funding	Le financement
The financial state	Les états financiers
Accounting	Comptabilité
The mailroom	La salle du courrier
Architect	Architecte
Clerk	Greffier
Receptionist	Réceptionniste

Bartender	Barman
Manager	Directeur
Employee's Only	Employé qu'aux
Paycheck	Paycheck

Hotels

Hôtels

Please help me.	S'il vous plaît aidez-moi.
My room needs...	Ma chambre a besoin...
Fresh sheets	Feuilles fraîches
Toilet paper	Papier hygiénique
Soap	Savon
Towels	Serviettes
Could you please send some?	Pourriez-vous s'il vous plaît envoyez quelques-uns?
Could you please send some soap ?	Pourriez-vous s'il vous plaît envoyez du savon ?
May I please have a wake-up call at six a.m.?	Puis-je s'il vous plaît avoir un appel de réveil à six heures?
We will be checking in early.	Nous vérifierons au début du mois.

We will be checking out late.	Nous vérifierons en retard.
Room Service	Service en chambre
Laundry	Blanchisserie
Bar	Bar
Restaurant	Restaurant
Housekeeping	Ménage
Maid service	Service de nettoyage
Check out	Départ
Check in	Enregistrer
Front Desk	Réception
Washroom	Toilettes

Kitchen	Cuisine
May I have your credit card?	Puis-je avoir votre carte de crédit?
Could you please?	Pourriez-vous s'il vous plaît?
Mirror	Miroir
Safe	Coffre-fort
Bags	Sacs
Cart	Chariot
Enough Towles	Serviettes suffit
Gambling	Jeux d'argent

Verbs	**Verbes**
To walk	Marcher
To run	Courir
To wait	Attendre
To hurry	Dépêcher
To take	Prendre
To make	Faire
To get	Obtenir
To find	Trouver
To clean	Nettoyer
To organize	Organiser
To post	Poster
To discuss	Discuter

To speak	Parler
To file	Déposer
To record	Enregistrer
To play	Jouer
To serve	Servir
To handle	Manipuler
To cook	Cuisiner
To stir	Incorporer
To listen	Écouter
To pump	Pomper
To direct	Direct
To eat	Manger

To drink	Boire
To marry	Marier
To be born	Naître
To notice	Remarquer
To work	Travailler
To have	Faire
To do	Voir
To say	Dire
To be	Être
To repeat	Répéter

Adjectives	**Adjectifs**
Good	Bon
Bad	Mauvais
Tall	Grand
Short	Court
Thin	Mince
Fat	Graisse
Careful	Prudent
Dangerous	Dangereux
Slippery	Glissant
Wet	Humide
Hot	Chaud
Cold	Froid

Red	Rouge
Yellow	Jaune
Orange	Orange
Blue	Bleu
Green	Vert
Pink	Rose
Purple	Pourpre
Prohibited	Interdit
Welcome	Accueil
Happy	Heureux
Sad	Triste
Long	Longue

Short	Court
Easy	Facile
Difficult	Difficile
Hard	Dur
Soft	Doux

Nouns	**Noms**
The host	L'hôte
The bellhop	Le groom
The police officer	L'officier de police
The guide	Le guide
The performer	L'interprète
The driver	Le conducteur
The maid	La femme de chambre
The car	La voiture
The bus	Le bus
The taxi	Le taxi
The hotel	L'hôtel
The station	La station

The coatcheck / cloakroom	Le vestiaire
The game	Le jeu
The television	La télévision
The microscope	Le microscope
The security	Le guardien de sécurité
The bosun	Le maître d'équipage
The dock	Le quai
The captain	Le capitaine
The waiter	Le serveur
The needs	Les besoins
The wants	Les désirs
The airport	L'aéroport

The guest	L'invité
The floor	L'étage
The bed	Le lit
The napkin	La serviette
The tablecloth	La nappe
Sunday	Dimanche
Monday	Lundi
Tuesday	Mardi
Wednesday	Mercredi
Thursday	Jeudi
Friday	Vendredi
Saturday	Samedi

Day	Jour
Morning	Matin
Afternoon	Après-midi
Night	Nuit
Mother	Mère
Father	Père
Sister	Sœur
Brother	Frère
Cousin	Cousin(e)
Nephew	Neveu
Niece	Nièce
Aunt	Tante

Uncle	Oncle
Grandmother	Grand-mère
Grandfather	Grand-père
This	Cette
That	Cela
These	Ces
Those	Ceux

www.ingramcontent.com/pod-product-compliance
Lightning Source LLC
Chambersburg PA
CBHW031334040426
42443CB00005B/331